33

U0874611

供电企业生产技能人员标准化作业培训教材

输电线路停电修补导 地线

福建省电力有限公司 组编

输变电

中国电力出版社
CHINA ELECTRIC POWER PRESS

内 容 提 要

本册书是按照《供电企业生产技能人员标准化作业培训教材》体系的要求，结合生产实际编写而成。本册书根据架空线路停电修补导、地线的标准作业指导书，介绍停电补修导、地线工作方法、作业步骤和安全注意事项。通过流程梳理、危险点分析及操作实例介绍，掌握停电修补导、地线所需工器具、材料、质量标准、作业中的危险点预控、操作步骤、管理要求等内容。

本册书作者都是长期从事电力生产一线的员工，有较为丰富的现场实际经验，所列举的案例也是实际生产过程中所发生的，具有较强的生产现场指导意义。本册书可作为供电企业输电线路生产技能人员的培训教学用书，也可作为电力职业院校教学参考用书。

图书在版编目（CIP）数据

供电企业生产技能人员标准化作业培训教材．输变电/福建省电力有限公司组编．—北京：中国电力出版社，2012.12

ISBN 978-7-5123-3810-4

Ⅰ．①供…　Ⅱ．①福…　Ⅲ．①供电－工业企业管理－标准化管理－中国－技术培训－教材　②输电－电力系统－技术培训－教材　③变电所－电力系统－技术培训－教材　Ⅳ．①F426.61

中国版本图书馆 CIP 数据核字（2012）第 287838 号

中国电力出版社出版、发行

（北京市东城区北京站西街 19 号　100005　http://www.cepp.sgcc.com.cn）

北京九天众诚印刷有限公司印刷

各地新华书店经售

*

2013 年 1 月第一版　　2013 年 1 月北京第一次印刷

787 毫米×1092 毫米　16 开本　84 印张　1766 千字

全册定价 **232.00** 元

敬 告 读 者

本书如有印装质量问题，我社发行部负责退换

版 权 专 有　　翻 印 必 究

编　委　会

主　　任　张　磊

副 主 任　陈卫中　李功新

成　　员　叶继宏　郑佩祥　黄文英　金昌榕　于建龙

任晓辉　邱兴平　陈大凤　张　荣　洪西卿

姚　亮　林　平　宋福海　连纪文　罗　松

林　宇　林　贇

编　写　组

主　　编　李功新

副 主 编　叶继宏　金昌榕　陈大凤　张　荣

编写组组长　林　平

成　　员（按姓氏笔画排序）

王全兴　王恒山　叶立群　叶色亮　朱　菁

庄　严　庄沪生　刘志平　严有祥　李　春

李　超　李勇明　李积捷　李萌峰　杨文陵

杨志豪　杨建平　杨毓庆　连鸿松　肖颂勇

吴　达　吴志成　吴奇宝　吴辉煌　吴簪麟

邱振敏　沈明松　沈谢林　张绍明　陈　影

陈艺鑫　陈日坤　陈祥舒　陈朝晖　陈德兴

林　衡　林一泓　林志敏　林志强　林轶群

林海渊　欧世尧　欧永连　罗　松　罗　毅

金建宁　郑哲人　郑雄俊　郑黎斐　赵道阳

施　纬　施广宇　洪西卿　钱志立　翁晓锋

涂恩来　黄　亮　黄国敏　董　磊　傅智为

潘晨曦

前言

preface

为了更好地服务“五大”体系建设，提升生产技能人员良好的“职业化”行为习惯，建立与现场标准化作业生产环境一致的培训课程体系，福建省电力有限公司以现场标准化作业指导书为蓝本，组织开展生产技能标准化作业培训教材的编写工作。为确保教材的编写质量和进度，由总工程师李功新主抓此项工作，多次召集工作协调会，定期听取编写进度汇报；人力资源部负责教材编写的组织工作，运维检修部、科技信通部和调度控制中心负责教材编写的具体工作，福建省电力有限公司和基层单位技术专家组成教材编写与审定小组，公司培训中心负责教材编写框架和编写规范的制订、编写进度跟踪及其他协调工作。

本套教材集中了福建省电力有限公司众多专家学者的智慧，采用了全新的组织架构，突出了基于现场标准化作业的培训特色。本套教材分为配电专业、输变电专业和二次专业三本书，包括 91 项现场标准化作业项目（子分册），具有很强的针对性和实用性。各项目（子分册）分为两部分：第一部分介绍了各项目的工作流程、工作质量标准与控制、危险点分析与预控、管理与记录要求、作业案例等；第二部分罗列了标准化作业指导书等标准化作业文本，并结合第一部分的作业案例说明了标准化文本的填写规范。部分项目（子分册）还在附录部分对设备等内容进行了说明。

其中，配电专业分为架空线路、配电设备、计量装置及其他设备，由福建省电力有限公司运维检修部高级工程师姚亮担任编写组长，福州电业局、厦门电业局、莆田电业局、泉州电业局、漳州电业局、龙岩电业局、三明电业局、南平电业局、宁德电业局、福清电力公司、石狮电力公司、晋江电力公司、南安电力公司、长乐电力公司等单位的专家参与编写工作。输变电专业分为开关类、线圈类和架空线路及电缆，由福建省电力有限公司运维检修部高级工程师林平担任编写组长，福建省电力科学研究院、检修分公司、福州电业局、厦门电业局、莆田电业局、泉州电业局、漳州电业局、龙岩电业局、三明电业局等单位的专家参与编写工作。二次专业分为继电保护、综合自动化、直流系统和电力通信，由福建省电力有限公司调度控制中心高级工程师宋福海、科技信通部高级工程师连纪文担任编写组长，福建省电力科学研究院、检修分公司、信息通信分公司、福州电业局、厦门电业局、莆田电业局、泉州电业局、龙岩电业局、三明电业局、南平电业局等单位的专家参与编写工作。

本册由厦门电业局严有祥担任编写组长，福州电业局王全兴、厦门电业局叶色亮、泉州电业局吴志成、三明电业局沈明松、李春等编写；福建省电力有限公司运维检修部吴虹主审，福建省电力有限公司运维检修部林力辉、漳州电业局李郭然、福建省电力有限公司检修分公司倪孟华、厦门电业局胡志猛、吴增辉、福建省电力科学研究院李强等参审。

本教材在编写、审定过程中得到了福建省电力有限公司有关单位领导和专家的大力支持和帮助，在此一并感谢。同时，也感谢中国电力出版社的大力支持。

由于编者能力所限及编写时间仓促，难免存在疏漏之处，恳请各位专家和读者提出宝贵意见。

contents **目录**

第一部分
标准化作业培训

1 作业描述

根据架空线路停电修补导、地线的标准作业指导书，介绍停电补修导、地线工作方法、作业步骤和安全注意事项。通过流程梳理、危险点分析及操作实例介绍，掌握停电修补导地线所需工器具、材料、质量标准、作业中的危险点预控、操作步骤、管理要求等内容。

2 工作流程

停电修补导、地线的工作流程如图 1-1 所示。

3 工作质量标准与控制

3.1 引用标准

GB 50233—2005 《110～500kV 架空送电线路施工及验收规范》

GB 50545—2010 《110～750kV 架空送电线路设计规范》

DL/T 741—2010 《架空输电线路运行规程》

3.2 质量控制

3.2.1 导、地线补修方式

输电线路导、地线补修应视其表面状况和损伤程度来确定。一般导、地线断股及损伤减少截面积的处理标准见表 1-1。如果导地线表面腐蚀，外层脱落或呈疲劳状态，应取样进行强度试验。若试验值小于原破坏值的 80%，则应换线。

表 1-1 导地线断股损伤减少截面积的处理标准

线别 \ 损伤处理 \ 处理方法	缠绕补修	预绞丝补修	补修管补修	开断重接
钢芯铝绞线 钢芯铝合金绞线	断股损伤截面积不超过铝股或合金股总面积 7%或同一处损伤的强度损失不超过总拉断力的 5%	断股损伤截面积占铝股或合金股总面积 7%～25%或同一处损伤的强度损失占总拉断力的 5%～17%	断股损伤截面积占铝股或合金股总面积 25%～60%或同一处损伤的强度损失占总拉断力的 17%～40%	1．钢芯断股。 2．断股损伤截面积不超过铝股或合金股总面积 25%
铝绞线 铝合金绞线	同一处损伤的强度损失不超过总拉断力的 5%	同一处损伤的强度损失在总拉断力的 5%～17%	同一处损伤的强度损失在总拉断力的 17%～40%	断股损伤截面积不超过总面积 17%
镀锌钢绞线	19 股断 1 股	7 股断 1 股 19 股断 2 股	同一处损伤的强度损失在总拉断力的 17%～40%	7 股断 2 股， 19 股断 3 股
OPGW	断股损伤截面积不超过总面积 7%（光纤单元未损伤）	断股损伤截面积占面积 7%～17%，光纤单元未损伤（修补管不适用）		

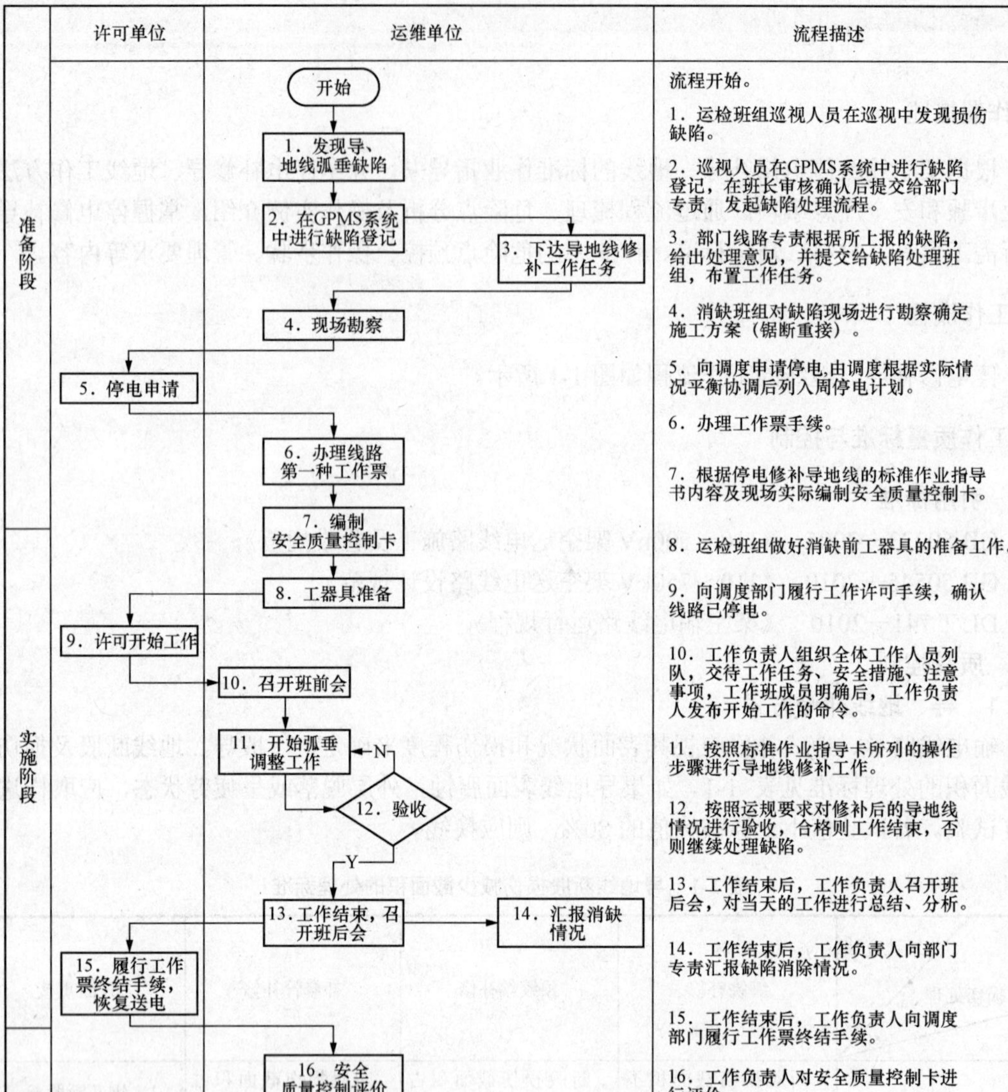

图 1-1　停电修补导地线的工作流程图

3.2.2　导、地线补修质量控制

3.2.2.1　缠绕补强法

（1）受伤处线股应处理整平。

（2）用同金属的单股线（钢绞线用镀锌铁线）顺导线与导线外层铝线绞制方向一致缠绕，修补铝线要紧密，其中心应位于损伤最严重处，并应将损伤部位全部覆盖。

（3）修补最短距损伤部位边缘单边不得少于 50mm，补修表面平滑、无毛刺。

3.2.2.2　预绞丝补修法

（1）损伤处导线应处理整平，用钢丝刷顺着导线绕向断股处打磨掉导线表面氧化层并用布擦拭干净。

（2）预绞丝缠绕时其缠绕方向应与导线铝股绞向一致，缠绕应平滑、紧密，缠绕时应一根紧贴着一根，导线损伤部位应位于修补预绞丝的中间位置。

（3）用细绑线在预绞丝两端头 20mm 处进行绑扎，绑扎不得少于 3 圈，将小辫拧花并拍平，修补预绞丝长度不得少于三个节距。

3.2.2.3　补修管补修法

（1）将损伤处的线股恢复原绞制状态，对损伤处处理平整，用钢丝刷顺着导线绕向断股处打磨掉导线表面氧化层并用布擦拭干净。

（2）在导线修补部分均匀地涂上一层电力复合脂，将补修管安装在导线损伤最严重处，并将其全部覆盖，需补修的范围应位于管内各 20mm。

（3）补修管可采用钳压、液压或爆压进行压接。

（4）在一个档距内每根导线或架空地线上只允许有三个补修管。补修管与耐张线夹出口间的距离不应小于 15m，与悬垂线夹中心的距离不应小于 5m，与间隔棒中心的距离不宜小于 0.5m。

4　安全风险分析与预控

4.1　危险点 1：误登带电侧线路间隔

事故案例

9 月 20 日，××电业局 110kV××I 线检修时，塔上作业人员李×违章作业，擅自进入带电区域，塔下监护人员黄×监护不到位（在作业人员尚未下塔前开始进行其他工作，未执行全过程监护，李×误入同塔双回××II 线带电侧，触电死亡。

防范措施

（1）同杆塔架设多回线路中部分线路停电的工作中，登杆塔和在杆塔上工作时，每基杆塔都应设专人监护。（《国家电网公司电力安全工作规程（线路部分）》第 5.3.5.4 条）

（2）作业人员登杆塔前应核对停电检修线路的识别标记和双重名称无误后，方可攀登。登杆塔至横担处时，应再次核对停电线路的识别标记与双重称号，确实无误后方可进入停电线路侧横担。（《国家电网公司电力安全工作规程（线路部分）》第 5.3.5.5 条）

（3）在杆塔上进行工作时，不准进入带电侧的横担，或在该侧横担上放置任何物件。（《国家电网公司电力安全工作规程（线路部分）》第 5.3.6 条）

4.2 危险点 2：感应电伤害

事故案例

10 月 5 日，× × 送电工区检修一班承担处理与 330kV × × 10 号同杆架设的未运行的空线路，在装设接地线时，职工杨 ×，被指派上 10 号塔上相横担挂接地线，上塔前，工作负责人吴 × 专门交待其一定要将接地端连接牢靠。在由地面将两根接地线同时吊上去后，杨 × 将其中一根放在一边，开始装设第一根接地线，杨 × 按照规定的程序在挂好第一根接地线后，发现接地线的接地端未连接好，擅自用手将已挂好接地线接地端拆下，此时该线路的感应电压由接地线导线端的线夹通过杨 × 双手，腿部对横担放电，导致双手、腿部被烧伤。

防范措施

（1）同杆塔架设多回线路中部分线路停电的工作中，登杆塔和在杆塔上工作时，每基杆塔都应设专人监护。（《国家电网公司电力安全工作规程（线路部分）》第 5.3.5.4 条）

（2）作业人员登杆塔前应核对停电检修线路的识别标记和双重名称无误后，方可攀登。登杆塔至横担处时，应再次核对停电线路的识别标记与双重称号，确实无误后方可进入停电线路侧横担。（《国家电网公司电力安全工作规程（线路部分）》第 5.3.5.5 条）

（3）在杆塔上进行工作时，不准进入带电侧的横担，或在该侧横担上放置任何物件。（《国家电网公司电力安全工作规程（线路部分）》第 5.3.6 条）

（4）工作地段有邻近、平行、交叉跨越及同杆塔线路，需要接触或接近停电线路的导线工作时，应装设接 地线或使用个人保安线。（《国家电网公司电力安全工作规程（线路部分）》第 3.5.1 条）

4.3 危险点 3：高空坠落

事故案例

7 月 6 日，× × 电力工程公司线路一队在紧线施工中，在挂左边导线（面向大号侧）时，因施工方法不当，造成铁塔下横担吊杆角钢断裂，塔上施工人员黄 ×、潘 × 两人的安全带从角钢断裂处脱出，两人从 15m 高塔上坠落的重伤事故。

防范措施

（1）作业人员攀登杆塔、杆塔上转位及杆塔上作业时，手扶的构件应牢固，不准失去安全防护，并防止安全带从杆顶脱出或被锋利物损坏。（《国家电网公司电力安全工作规程（线路部分）》第 6.2.3 条）

（2）高处作业人员在作业过程中，应随时检查安全带是否栓牢。高处作业人员在转移作业位置时不准失去安全带防护。（《国家电网公司电力安全工作规程（线路部分）》第 7.10 条）

（3）工作负责人、专责监护人应始终在工作现场，对工作班人员的安全进行认真监护，及时纠正不安全的行为。（《国家电网公司电力安全工作规程（线路部分）》第 2.5.1 条）

4.4 危险点 4：坠物伤人

事故案例

8 月 10 日，× × 工程有限公司在进行 110kV 改线工程组立塔施工，约 13 时 50 分，工作负责人郑 × 来到塔腿处弯下腰准备挂第三节上端外斜材时，已锁在第三节上端联板上的内斜材（长 5.8m、60 × 6 的角铁，重约 40kg）从塔上悬挂处掉落下来（约 10m 高），从郑 × 后腰部插入（从后向前），经抢救无效死亡。

防范措施

（1）杆塔作业应使用工具袋，较大的工具应固定在牢固的构件上，不准随便乱放。上下传递物件应用绳索栓牢传递，禁止上下抛掷。在杆塔上作业，工作点下方应按坠落半径设围栏或其他保护措施。杆塔上无法避免垂直交叉作业时，应做好防落物伤人的措施，作业时要相互照应，密切配合。（《国家电网公司电力安全工作规程（线路部分）》第 6.2.5 条）

（2）在进行高处作业时，除有关人员外，不准他人在工作地点的下面通行或逗留，工作地点下面应有围栏或装设其他保护装置，防止落物伤人。（《国家电网公司电力安全工作规程（线路部分）》第 7.13 条）

5 管理与记录要求

（1）召开班前会、班后会。

（2）将停电修补导、地线的参数等信息录入 GPMS 系统。

（3）将班前会和班后会录音上传至 GPMS 系统，并做好登记。

（4）将本次作业过程记录录入到 GPMS 系统，进行评估和终结作业流程。

6 作业案例

110kV 北屏Ⅰ路 17 号～18 号下相导线大号侧方向 30m 处导线损伤，导线型号为 LGJ-300/25，（铝股 24 股、钢芯 7 股），外层铝股断 5 股。如图 1-2 所示。

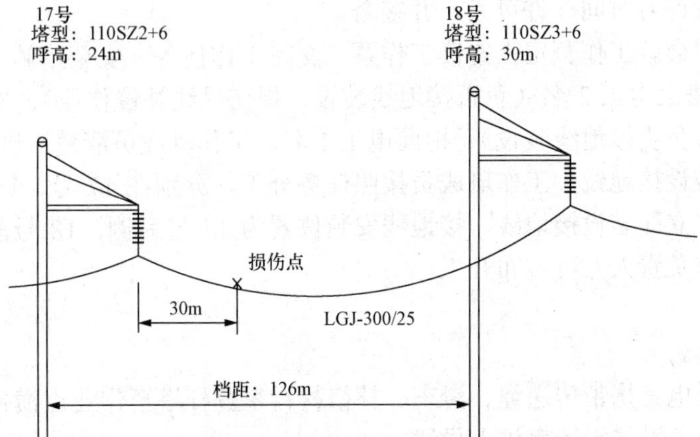

图 1-2 现场设备情况示意图

6.1 作业前准备

（1）现场勘察。工作负责人接到导线补修任务后，应组织有关人员进行北屏Ⅰ路 17 号～18 号现场勘察。应查看接受的任务是否与现场相符，了解作业现场的条件、环境、危险点及停电范围、保留的带电部位和重要交叉跨越，使用经纬仪（全站仪）复核导线损伤情况。计算导线损伤截面 S=5/24=20.8%，确定采用预绞丝补修条补修，勘察完后填写现场勘察单。

（2）办理线路第一种工作票。工作票签发人签发电力线路第一种工作票，明确工作负责人、工作班成员、停电范围和保留的带电部位。

（3）编制安全质量控制卡。工作负责人根据作业项目编制班组作业安全质量控制卡，经部门专责及以上管理人员审批。

（4）工器具准备。工器具准备见表 1-2。

表 1-2 作业工器具准备表

序号	工具名称	规格型号	单位	数量	备注
1	验电笔	110kV	把	2	
2	接地线	110kV	副	2	
3	绝缘手套		副	2	
4	滑车		只	2	
5	绳索	ϕ20×60m	条	2	
6	软梯头		副	1	

材料准备见表 1-3。

表 1-3 作业材料准备表

序号	工具名称	规格型号	单位	数量	备注
1	预绞丝护线条	LGJ-300/25	组	1	一组 16 条

（5）工作许可。工作负责人向调度值班员办理线路第一种工作票许可手续，工作负责人应在工作票上记录许可时间、许可人，并签名。

（6）召开班前会。工作负责人宣读工作票、交待工作任务、安全措施、注意事项，做好任务分工：17 号塔上电工 2 名（负责接地线装设、损伤导线补修作业）、地面电工 3 名；18 号塔上电工 1 名（负责接地线装设）、地面电工 1 名。工作班成员清楚后进行签字。

（7）验电、装设接地线。工作班成员按照任务分工，分别在 17 号、18 号登塔验电，验明线路确无电压，立即装设接地线，接地线安装位置为 17 号后侧，18 号前侧。工作接地线挂设完成后，工作负责人方可宣布开工。

6.2 作业中控制

（1）安装工具。

1）17 号塔上电工携带传递绳、滑车、补修材料攀登杆塔至作业点横担位置，挂好滑车和传递绳。导线电工沿绝缘子串进入导线。

2）地面电工在软梯头上端绑好控制绳，吊升软梯头。

3）导线电工与地面电工配合，在断股导线上安装软梯头，将滑轮槽卡入导线，并锁好防脱扣。

4）导线电工安装软梯头滑车，将软梯头的控制绳穿过滑车放至地面，从导线侧进入已安装好的软梯头。

（2）导线断股修补。

1）地面电工放松软梯头控制绳，导线电工乘软梯头滑至导线断股点，开始滑动前，应检查软梯头防脱扣是否锁好，移到工作点后，地面电工配合制动软梯头。

2）导线电工将损伤处导线处理整平，用钢丝刷顺着导线绕向断股处打磨掉导线表面氧化层并用布擦拭干净。

3）导线电工用事先准备好的预绞丝补修条对导线断股处进行修补，缠绕方向与导线铝股方向一致，缠绕应平滑紧密，导线损伤处位于补修预绞丝的中心位置。

4）修补工作结束后，地面电工利用软梯头控制绳将导线电工拉回17号铁塔绝缘子串处。

5）导线电工从软梯头移至导线上，脱掉软梯头防脱扣，与地面电工配合，拆除软梯头，退出导线至铁塔横担侧。

（3）拆除工具。

1）17号塔上电工在地面电工协助下把软梯头放至地面。

2）17号导线电工下塔。

（4）拆除接地线。

1）17号塔上电工拆除后侧三相接地线并吊至地面。

2）18号塔上电工攀登杆塔，拆除前侧三相接地线并吊至地面。

3）17号、18号塔上电工携带滑车、绳索下塔。

（4）清理现场。工作负责人全面检查工作完成情况，清理现场工具，检查杆上有无遗留物，无误后撤离现场，做到工完、料尽、场地清。

（5）工作终结。工作负责人向调度值班员办理线路第一种工作票终结手续，工作负责人应在工作票上记录终结报告时间、许可人，并签名。

6.3 作业后小结

（1）召开班后会，总结、检查作业过程中存在的问题和经验，并提出改进措施。

（2）将本次作业指导书回录入到GPMS系统中，并进行评估。

（3）完成GPMS系统中缺陷处理流程。

（4）将班前会和班后会录音上传至录音系统，并做好登记。

思考与练习

1．送电线路导线在同一处的损伤程度在什么范围内可以采用补修预绞丝修补？

2．送电线路导线在同一处的损伤程度在什么范围内时应采用补修管修补？

3．采用补修管修补导、地线时应注意哪些事项？

第二部分

标准化作业文本

1 标准化作业指导书

架空线路停电修补导、地线作业指导书

编写：__________ ______年______月______日

审核：__________ ______年______月______日

批准：__________ ______年______月______日

工作负责人：

作业日期： 年 月 日 时至 年 月 日 时

××××公司

1 范围

本指导书适用于架空线路停电修补导、地线作业。

2 引用文件

GB 50233—2005　《110～500kV 架空送电线路施工及验收规范》
GB 50545—2010　《110～750kV 架空送电线路设计规范》
Q/FMD-1.0018—2009　《35～220kV 架空送电线路检修规程》
Q/GDW 174—2008　《架空输电线路状态检修导则》
Q/GDW 173—2008　《架空输电线路状态评价导则》
国家电网安监〔2009〕664 号 《国家电网公司电力安全工作规程》（线路部分）
国家电网生（2006）935 号 《架空输电线路管理规范》
闽电生产〔2007〕567 号 《福建省电力有限公司架空输电线路管理规范实施细则》
国家电网科〔2008〕49 号 《国家电网公司输变电设备状态检修试验规程》
生输〔2008〕77 号 《福建省电力有限公司输电线路状态检修导则实施细则（试行）》
闽电生产〔2008〕723 号 《福建省电力有限公司输变电设备状态检修试验规程实施细则》
国家电网生〔2009〕190 号 《国家电网公司深入开展现场标准化作业工作指导意见》
闽电生产〔2011〕72 号 《福建省电力有限公司输变电设备检修现场标准化作业管理规定》
闽电安监〔2011〕190 号 《福建省电力有限公司防止人身事故六十条重点措施》

3 作业前工作准备

3.1 准备工作安排

√	序号	内　容	标　　准	责任人	备　注
	1	现场勘察	查看现场作业需要停电的范围、保留的带电部位和作业现场的条件、环境及其他危险点等；草拟现场示意图，初步确定作业方式，并填写《现场勘察单》		
	2	查阅有关资料	了解有关图纸资料，接线方式，运行方式。了解各杆塔档距大小，导线型号		
	3	组织作业人员学习作业指导书	理解工作任务、作业方式、质量标准、危险点及安全措施		

3.2 人员要求

√	序号	内　容	责任人	备注
	1	作业人员应接受相应的安全生产教育和岗位技能培训，持送电线路专业上岗证书		
	2	作业人员经医师鉴定，无妨碍工作的病症；高处作业人员每年进行一次体检；学会紧急救护法，特别要学会触电急救		

表（续）

√	序号	内　容	责任人	备注
	3	作业人员精神状态良好，着装整齐，个人工器具和劳保用品应齐全		
	4	工作负责人应穿红马甲，经《电业安全工作规程》考试合格，局安监部书面批准可以担任送电线路工作负责人的人员		

3.3 工器具准备

√	序号	工具名称	规格型号	单位	数量	备注
	1	验电笔	110kV	把	2	
	2	接地线	110kV	副	2	
	3	绝缘手套		副	2	
	4	滑车		只	2	
	5	绳索	$\phi 20\times 60$m	条	2	
	6	软梯头		副	1	
	7	防水苫布		块	若干	

3.4 材料准备

√	序号	材料名称	规格型号	单位	数量	备注
	1	预绞丝护线条	与导线型号适应	组	1	一组16条

3.5 危险点分析及预控措施

序号	危险点分析	预　控　措　施
1	误登杆塔	同塔双回路架设或多回路平行走向的送电线路，其中一回线路停电检修时，作业人员上杆塔前，必须至少有两人共同确认停电线路的名称、左右线和杆塔号后，再在一人监护的条件下登杆塔作业。不得进入带电侧横担，并与带电体保持35kV—1.0m、110kV—1.5m、220kV—3.0m及以上安全距离
2	触电伤害	1．工作负责人必须在得到工作许可人的工作许可命令后，方可指挥本班工作人员在停电工作线路上验电、接地（工作段两端和可能来电的T接点），而后进行线路检修作业。 2．送电线路的验电必须使用合格的、相应电压等级的专用验电器和接地线。在对线路进行验电前，必须先对验电器的声、光信号进行检查，不正常的验电器严禁使用。 3．线路经验明确无电压后，应立即装设接地线，工作接地线应全部列入工作票，工作负责人应确认所有工作接地线均已挂设完成方可宣布开工，接地线拆除后，严禁人员上塔作业。 4．装设接地线时，应先接接地端，后接导线端，接地线应接触良好、连接应可靠。拆接地线的顺序与此相反
3	感应电伤害	1．工作地段如有邻近、平行、交叉跨越及同杆架设线路，为防止停电检修线路感应电压伤人，在需要接触或接近导线工作时，应挂接个人保安线，作业结束脱离导线后拆除。装设时，应先接接地端，后接导线端，且接触良好，连接可靠。 2．在330kV及以上电压等级的带电线路杆塔上作业，应采取穿着静电感应防护服、导电鞋等防静电感应措施。 3．用绝缘绳索传递大件金属物品（包括工具、材料等）时，杆塔或地面上作业人员应将金属物品接地后再接触，以防电击

表（续）

序号	危险点分析	预 控 措 施
4	杆塔基础不牢引发坠落	送电线路检修作业人员在攀登杆塔之前，应对本杆塔的本体及其基础、拉线和脚钉（爬梯）的稳固情况进行检查。凡发现杆塔本体结构改变，杆塔基础（包括拉线基础）有塌方、下陷、冲刷、开挖等危及杆塔稳定的，杆塔拉线损坏或受力不平衡的，爬梯或脚钉损坏等影响作业人员安全的情况，作业人员不得上杆塔作业。但通过对杆塔拉线的调整、修复后恢复杆塔稳定的，爬梯或脚钉修复后不影响攀登杆塔人员安全的，作业人员可继续攀登杆塔进行线路检修作业
5	高处坠落	杆塔上作业人员必须使用双控安全带，且安全带应系在杆塔上牢固的构件上，并防止安全带被锋利的构件割伤。系安全带时，尚应注意正确搭扣、紧固并防止松脱
6	高处落物伤人	杆塔上作业人员应使用工具包，注意防止工器具、材料掉落，工器具、材料上下杆塔应使用绳索传递，严禁直接从杆塔上扔下。使用绳索进行工器具、材料传递时，应注意规范系好、系牢被传递物品，避免其在传递过程中突然掉落。高空作业点下方和物品传递位下方不得有人员逗留。在使用人力（民工）进行起吊重物作业时，必须配有足够的人力，临场必须有有经验的师傅统一指挥，并有可靠的制止重物回落的有效措施
7	设备缺陷造成伤害	1．作业前应确认导地线损伤情况，并校验损伤后导地线的强度是否允许出导线作业。 2．作业人员进入金具、绝缘子串时，必须首先对金具、绝缘子串的联接情况进行检查，若发现金具、绝缘子串的联结有异常或损坏，影响作业人员的安全时，作业人员应立即退出金具、绝缘子串。对通过对其进行修复后不影响作业人员安全的，以及确认其联结正常的，可继续进行检修作业。 3．在连续档距的导地线上出线作业，导地线的截面不准小于：钢芯铝绞线 $120mm^2$，钢绞线 $50mm^2$。 4．作业人员出线后应保持导地线及人体与下方交叉跨越带电线路有足够的安全距离
8	工具故障	1．加强工器具保管、试验、使用全过程管理，根据现场荷载受力情况选用相应规格、型号的工器具，保证足够的安全系数。 2．工器具使用前应检查其外观是否良好，试验是否过期，发现有损伤或其他异常情况应停止使用，禁止冒险作业

3.6 作业分工

序号	作 业 内 容	分组负责人	作业人员
1	工作负责人（监护人）：正确安全地组织工作，检查工作票安全措施是否正确完备，是否符合现场实际条件，对工作班组成员进行危险点告知、交待安全措施和技术措施，对作业过程进行安全监护。全面督促正确规范执行现场标准化作业，并负责作业卡编制、回收、检查归档等工作		
2	塔上电工、导线电工： 1．安装、拆卸施工工具。 2．高空调整双分裂导线弧垂		
3	地面作业人员： 1．调整施工工具。 2．升、放施工工具、材料。 3．协助监护现场作业人员的安全		
4	辅助民工： 1．搬运施工工具、材料。 2．协助地面电工升、放施工工具、材料		

4 作业程序

4.1 开工

√	序号	内 容	责任人签名
	1	工作负责人办理线路第一种工作票	
	2	工作负责人经与调度联系，工作线路已转检修状态	
	3	1．全体工作班成员穿戴全套劳保用品列队。 2．工作负责人穿好红马甲打开录音笔，宣读工作票、交待工作任务、安全措施、注意事项。 3．工作班成员明确后进行签字，工作负责人发布开始工作的命令	
	4	验电、装设工作接地线。工作负责人接到工作地段两端接地线均已挂好的通知后，宣布开工	

4.2 作业内容及标准

√	序号	作业内容	作业工序及标准	安 全 措 施	责任人签字
	1	作业准备	1．工作负责人核对线路的名称和编号。 2．工作班成员铺好防水苫布将工具摆放整齐进行外观检查，将出线工具组装成待用状态。 3．检查杆塔基础及拉线是否完好	1．遇有冲刷、起土、上拔或导地线、拉线松动的杆塔，应先培土加固，打好临时拉线或支好架杆后，再进行登杆。 2．登杆工具应在试验期限内，登杆前要对脚扣和安全带做冲击试验	
	2	安装工具	1．杆上作业人员攀登至横担位置，在适当位置安装滑车、吊绳。 2．地面电工吊升软梯头/飞车。 3．导线电工移到导线侧，与地面电工配合在断股导线上安装好软梯头/飞车，并锁好防脱扣。 4．导线电工在塔上电工的协助下进入已安装在地线上的软梯头/飞车	1．吊升工具应绑扎牢固。 2．作业位置下方禁止人员逗留。 3．全体作业人员均应戴好安全帽。 4．控制绳应绑在软梯头/飞车上端受力侧	
	3	断股修补	1．地面电工放松控制绳，导线电工乘软梯头/飞车滑至导线断股点，到达作业位置后，地面电工配合制动软梯头/飞车。 2．导线电工用事先准备好的补修条对导线断股处进行修补绑扎，修补条绑扎要牢靠平整。 3．地面电工利用控制绳把导线电工拉回铁塔绝缘子串处。 4．导线电工在塔上电工的协助下退出软梯头/飞车至导线	1．在导、地线上出线作业前，应检查本档两端杆塔处导、地线的紧固情况。 2．导线电工进入软梯头时不得失去安全带的保护，且应确保软梯头防脱扣已锁好，方可开始滑动软梯头。 3．补修材料应装于随身工具包，防止掉落。 4．地面电工应控制好软梯头/飞车绳索，防止晃动	
	4	拆除工具	1．导线电工脱掉软梯头/飞车的防脱扣，在地面电工协助下把软梯头放至地面。 2．导线电工从导线退出至铁塔横担。 3．塔上电工带滑车、吊绳下塔	1．下放工具时绑扎要牢固。 2．塔上作业人员解开安全带前应先把要带下塔的工具整理好。 3．解开安全带后应抓牢塔材下杆塔，不得进行其他作业	

4.3 竣工

√	序号	内　容	负责人员签字
	1	工作负责人全面检查工作完成情况，清理现场工具，检查杆上有无遗留物，无误后拆除两侧接地线，撤离现场，做到人走场清	
	2	通知调度并终结工作票	
	3	开班后会总结当日工作，做好工作记录。将班前班后会录音上传	
	4	GPMS 系统相关记录录入，流程推进	

4.4 验收总结

序号	检 修 总 结		责任人签字（监护人）
1	验收评价		
2	存在问题及整改意见		

4.5 指导书执行情况评估

<table>
<tr><td rowspan="4">评估内容</td><td rowspan="2">符合性</td><td>优</td><td></td><td>可操作</td><td></td></tr>
<tr><td>良</td><td></td><td>不可操作项</td><td></td></tr>
<tr><td rowspan="2">可操作性</td><td>优</td><td></td><td>修改项</td><td></td></tr>
<tr><td>良</td><td></td><td>遗漏项</td><td></td></tr>
<tr><td>存在问题</td><td colspan="5"></td></tr>
<tr><td>改进意见</td><td colspan="5"></td></tr>
</table>

5 附录

2 安全质量控制卡

编号：×××××

班组作业安全质量控制卡

作业名称：××kV××线×号至×号停电修补导、地线

工作负责人编制：________ 审批：________

作业性质：停电消缺 计划时间：___年__月__日__时__分至___年__月__日__时__分

1 作业前

1.1 内业准备

序号	类 别	规 格	单位	数量	确认
1. 工器具					
1.1	个人工具	停电作业物品——个人工具	套	1	
1.2	标配工器具	标配工器具	套	1	
1.3	专用工器具	停电作业物品——专用工器具			
2. 材料					
2.1	个人备品	停电作业物品——个人备品			
2.2	专用材料	停电作业物品——专用材料			
3. 作业文件					
3.1	工作票编号				
3.2	现场勘察单	□已勘察 □无需勘察			
3.3	检修方案制定				
3.4	检修记录卡				
4. 录音笔					
5. 实际综合人日		技工		民工	

1.2 出工准备

序号	名 称	确认
1	任务分工	
2	出工前检查作业人员着装、劳动防护用品和精神状态	

2 作业中

2.1 班前会

2.1.1 危险点分析及安全控制措施交底

序号	危险点分析	安全控制措施	确认
1	误登杆塔	1．设专人监护。 2．登塔前必须仔细核对线路双重命名、杆塔号，确认无误后方可上塔。 3．现场作业人员配戴停电检修线路的识别标志卡	
2	触电、感应电伤害	1．开工前必须办理线路第一种工作票。 2．采用合格验电器进行验电并在工作地段两端挂接地线，未接到工作负责人通知，不得上塔作业。 3．接地线拆除后，严禁所有人员上塔。 4．工作地段如有邻近、平行、交叉跨越及同杆架设线路，为防止停电检修线路感应电压伤人，在需要接触或接近导线工作时，应挂接个人保安线，作业结束脱离导线后拆除	
3	高空坠落	1．确认杆塔的本体及其基础、拉线和脚钉（爬梯）的稳固情况以及脚扣、爬梯等登高工具、设施是否完整可靠。手脚应抓稳踏牢。杆塔有防坠装置的，应使用防坠装置。 2．高空作业人员应正确使用背带式双控安全带，安全带和保护绳应分挂在杆塔不同部位的牢固构件上，并防止被锋利物损坏。攀登杆塔、杆塔上移位时，双手不得持带工具物品等，作业时不得失去安全防护	
4	坠物伤人	1．作业人员必须正确佩戴安全帽。 2．使用工具袋，较大工具等应固定牢靠，传递物件应使用绳索，禁止抛掷。工作点下方禁止人员通行或逗留，避免垂直交叉作业，无法避免时，应做好防坠物措施。公路边作业，应装设围栏并设专人看护，防止行人进入作业现场。 3．杆塔上作业人员要防止掉东西，使用的工器具、小材料应装在工具袋里。 4．传递物品所用绳索应完好无断股、灯笼	
5	断线事故	1．作业前应确认导地线损伤情况，并校验损伤后导地线的强度是否允许出导线作业。 2．在连续档距的导地线上出线作业，导地线的截面不准小于：钢芯铝绞线 120mm^2，钢绞线 50mm^2。 3．在导、地线上出线作业前，应检查本档两端杆塔处导、地线的紧固情况。 4．作业人员出线后应保持导地线及人体与下方交叉跨越带电线路有足够的安全距离	

2.1.2 安全措施确认

我已知晓上述工作内容、地点、计划时间、人员分工、危险因素及防范措施，精神状态良好。 确认签字：

2.2 作业工序

2.2.1 作业组关键工序安全质量控制

序号	关键工序	风 险 提 醒	确 认				
1	验电、挂接地线	1．对线路逐相进行验电，验明线路确无电压后，即在线路上挂接地线。 2．挂接地线时，先接接地端后接导线端，其接地端和导线端必须接触良好、可靠。 3．接地线组件在杆塔上绑扎牢固，不得大幅摆动或掉落					
2	安装飞车/软梯头	1．吊升软梯头应绑扎牢固。 2．高空作业人员正确使用双控安全带。 3．作业位置正下方禁止人员逗留和通过。 4．全体作业人员均应戴好安全帽					
3	飞车/软梯头出线	1．在导、地线上出线作业前，应检查本档两端杆塔处导、地线的紧固情况。 2．导线电工进入软梯头时不得失去安全带的保护，且应确保软梯头防脱扣已锁好，方可开始滑动软梯头。 3．补修材料应装于随身工具包，防止掉落					
4	修补导、地线	1．损伤处应处理平整，清除氧化层，并以损伤最严重处为中心进行补修。 2．地面电工应配合制动飞车/软梯头					
5	拆除飞车/软梯头	1．下放工具时绑扎要牢固。 2．塔上作业人员解开安全带前应先把要带下塔的工具整理好，检查有无其他遗留物。 3．解开安全带后应抓牢塔材下杆塔，不得进行其他作业					
6	拆除接地线	确认本班工作人员均已撤离杆塔后，指挥拆除本班所挂接的所有接地线，并全部记入工作票					

2.2.2 工作监护

专人监护				是□ 否□	
杆号				登杆人	监护人

注 作业工序内容可按检修杆塔数量增加页数。

3 作业后

3.1 内业工作

序号	流 程	要 求	确认
1	班后会	工作总结、评价及相应措施	
2	GPMS 流程推进	作业管理相关内容填写、上传完整，发现、处理缺陷记录	
3	录音上传	安全措施交待录音	
4	作业文件归档	工作票、检修报表检查并归档	

3.2 作业评价

评价情况：经检查，本控制卡：□ 合格 / □ 不合格，存在____问题，已向____________指出。

检查人：________________

_____年____月____日

3 现场勘察单

××电业局（供电公司）电力线路工作现场勘察单

编号：××××

<table>
<tr><td>工作名称</td><td>×××kV××线×号～×号下相损伤导线停电补修</td><td>勘察单位</td><td>××××</td></tr>
<tr><td>工作范围</td><td colspan="3">×××kV××线×号～×号</td></tr>
<tr><td>工作主要内容</td><td colspan="3">停电修补×××kV××线×号～×号下相受损导线</td></tr>
<tr><td>现场勘察情况图示（工作范围及保留带电部分图示或地下缆沟管线等布置图）</td><td colspan="3">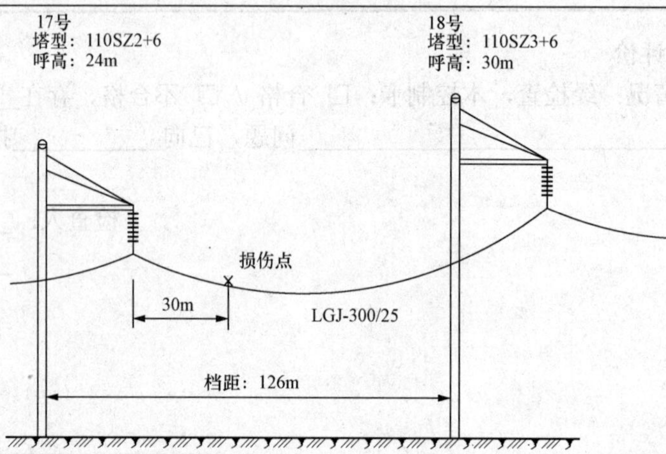
</td></tr>
<tr><td rowspan="7">现场勘察情况说明</td><td colspan="3">1．邻近、交叉或跨越带电设备距离：</td></tr>
<tr><td colspan="3">无</td></tr>
<tr><td colspan="3">2．工作地段周围环境：</td></tr>
<tr><td colspan="3">路边</td></tr>
<tr><td colspan="3">3．地下管网布置情况：</td></tr>
<tr><td colspan="3">无</td></tr>
<tr><td colspan="3">4．其他：断股损伤面积在占合金股总面积12%左右</td></tr>
<tr><td>现场工作安全要求</td><td colspan="3">×××kV×××路×号后侧、×号前侧需挂接地线××××。</td></tr>
<tr><td colspan="4">审核：×××　勘察人：×××、×××　监理人：×××　勘察日期：××年×月×日</td></tr>
</table>

4 电力线路第一种工作票

×××电业局（供电公司）电力线路第一种工作票

单位：××××　　　　编号：××××

1．部门：××××　　工作班组：××××　　工作负责人：×××

2．工作班人员（不包括工作负责人）：×××、×××、×××

共 ×× 人

3．工作线路名称（多回线路应注明双重称号）：×××kV××线

4．工作任务：

工作地点或地段（注明分、支路名称，线路的起止杆号）	工 作 内 容
×××kV××线 1×号～×号	下相损伤导线修补

5．计划工作时间：自××年×月×日×时×分至××年×月×日×时×分

6．安全措施（必要时可附页绘图说明）：

应转为检修状态的线路间隔名称	××变电站：×××kV××线××间隔； ××变电站：×××kV××线××间隔
应断开线路上的断路器、隔离开关、跌落式熔断器（名称和编号）	
线路上应挂的操作接地线（应写明线路电压等级、名称、杆号和具体挂设的部位	
配合停电的线路	
其他安全措施和注意事项	

保留或邻近的带电线路、设备：

工作班组应挂设的接地线：______________________________共有 × 组

线路电压等级、名称和杆号（注明方向）	接地线编号		执行人	
	高压	低压	装设	拆除
×××kV××线×号后侧	号			
×××kV××线×号前侧	号			

工作票签发人（施工单位）：×××　××年××月××日××时××分

工作票签发人（运行单位）：　　　____年___月___日___时___分

工作负责人：×××

7．确认本工作票 1～6 项。许可工作：

许可方式	许可工作的时间	许可人（含非本单位配合停电许可）	工作负责人
电话下达	××年××月××日××时××分	×××	×××
	年　月　日　时　分		
	年　月　日　时　分		

8．工作负责人现场补充安全措施（针对防止倒杆、高处坠落、物体打击等的现场安全措施）：

____

____

____

____

____

9．工作票延期，有效期延长到：_____年___月___日____时____分

延期原因：______________________________

工作负责人签名：__________　值班调度员签名：__________

10．工作人员变动：

增添人员姓名	日	时	分	工作负责人签名	离去人员姓名	日	时	分	工作负责人签名

工作负责人变动：原工作负责人__________离去，变更_________为工作负责人。

变动时间：___年__月__日__时__分，并已通知工作许可人____。工作票签发人：____。

11．工作终结报告：

全部工作结束，工作班人员已全部撤离，现场已清理完毕，所挂接地线共_____组已经拆除。

终结报告的方式	终结报告的时间	许可人 （含配合停电许可）	工作负责人
	年　月　日　时　分		
	年　月　日　时　分		
	年　月　日　时　分		

12．备注：

（1）指定专责监护人:_____________负责监护（人员、地点及具体工作）:__________

（2）监督负责人：_____________

（3）其他事项：____

13．交任务、交安全措施确认：我对工作负责人布置的工作任务及安全措施已明白无误，所做安全措施已能确保我的工作安全。

工作班人员签名：____

____

____

____

14．评价情况：

经检查本票为_______票，存在____

_______________________________问题，已向________指出。

检查人：___________________

_____年____月____日

思考与练习答案

1．答：钢芯铝绞线、钢芯铝合金绞线断股损伤截面积占铝股或合金股总面积 7%～25%或同一处损伤的强度损失占总拉断力的 5%～17%。

2．答：钢芯铝绞线、钢芯铝合金绞线断股损伤截面积占铝股或合金股总面积 25%～60%或同一处损伤的强度损失占总拉断力的 17%～40%。

3．答：（1）将损伤处的线股恢复原绞制状态，对损伤处处理平整，用钢丝刷顺着导线绕向断股处打磨掉导线表面氧化层并用布擦拭干净。

（2）在导线修补部分均匀地涂上一层电力复合脂，将补修管安装在导线损伤最严重处，并将其全部覆盖，需补修的范围应位于管内各 20mm。

（3）补修管可采用钳压、液压或爆压进行压接。

（4）在一个档距内每根导线或架空地线上只允许有三个补修管。补修管与耐张线夹出口间的距离不应小于 15m，与悬垂线夹中心的距离不应小于 5m，与间隔棒中心的距离不宜小于 0.5m。